Inhalt

Bilanzielle Abbildung von Finanzinstrumenten - Diskussion neuer Bilanzierungsregeln

Kernthesen

Beitrag

Fallbeispiele

Weiterführende Literatur

Impressum

Bilanzielle Abbildung von Finanzinstrumenten - Diskussion neuer Bilanzierungsregeln

A. Kaindl

Kernthesen

- Im Zuge der derzeitigen Finanzmarktkrise wird die Fair-Value-Bewertung von Finanzinstrumenten heftig kritisiert.
- Das IDW schlägt vor, bei der Umwidmung von Finanzinstrumenten zwischen den Bewertungskategorien mehr Flexibilität einzuräumen oder in bestimmten Marktsituationen das Bewertungsverfahren

zu variieren.
- Das IASB arbeitet an einem Nachfolgestandard für IAS 39. Ein Diskussionspapier dazu wurde im März 2008 veröffentlicht.

Beitrag

Sind die Bilanzierungsvorschriften daran schuld, dass in der gegenwärtigen Finanzmarktkrise einige Unternehmen Abschreibungen in Milliardenhöhe auf ihre Verbriefungspapiere vornehmen müssen? Führen die Bilanzierungsvorschriften zu einer Verschärfung der Finanzmarktkrise?

Aktuelle Diskussion und Kritik an der Fair-Value-Bilanzierung

Der durch die US-Immobilienkrise ausgelöste Einbruch an den Märkten für strukturierte Produkte hat den Ernstfall eintreten lassen. Es gibt keine liquiden Märkte mehr für diese Verbriefungspapiere. (7)

Die Bilanzierung von Finanzinstrumenten zu Marktwerten (Fair-Value) ist mit der

Finanzmarktkrise unter heftige Kritik geraten. Kritiker werfen der Fair-Value-Bilanzierung vor, dass diese prozyklisch wirkt und deshalb die derzeitige Finanzmarktkrise noch verstärkt. Außerdem gibt es keine robusten Bewertungsverfahren für Finanzinstrumente bei illiquiden Märkten. Unter dem Fair Value wird in der internationalen Bilanzierung der Betrag verstanden, zu dem ein Vermögenswert zwischen sachverständigen, vertragswilligen und voneinander unabhängigen Geschäftspartnern getauscht werden würde. (4), (5)

Bei normaler Marktsituation wirkt die Fair-Value-Bilanzierung nicht prozyklisch, sondern bildet nur die Erwartungen des jeweiligen Marktteilnehmers ab. In der derzeitigen außergewöhnlichen Marktsituation gestaltet sich die Wertfindung schwierig. Da keine geeigneten Marktwerte vorliegen, müssen Bewertungsmodelle zur Anwendung kommen. Die Kritik greift teilweise, da eine Marktsituation vorliegt, bei der keine Preisbildung mehr stattfindet. Der Preis bei einem Notverkauf ist kein Marktpreis, denn es ist kein Fair Value, zu dem ein Vermögensgegenstand bei objektiver Betrachtung von unabhängigen Geschäftspartnern getauscht werden würde. (4)

Die Unternehmen stehen bei der Bewertung ihrer Verbriefungstitel vor folgender Schwierigkeit: Die Preisfindung ist äußerst kompliziert, da vielfach nur

Indikatoren und keine Preise vorliegen. Dazu kommt die Komplexität der Produkte. Das größte Problem allerdings ist, dass das Vertrauen der Marktteilnehmer in die Märkte und deren Funktionsfähigkeit verloren gegangen ist. Dieses verloren gegangene Vertrauen gilt es nun wieder neu zu erarbeiten. Wirtschaft, Banken und Politik müssen gemeinsam daran arbeiten, wieder einen funktionsfähigen Markt herzustellen. (4), (7)

IDW diskutiert neue Bewertungsregeln für Finanzinstrumente

Das Institut der Wirtschaftsprüfer (IDW) bezog in der aktuellen Diskussion über die Fair-Value-Bilanzierung Stellung. Die Wirtschaftsprüfer sehen zwei Möglichkeiten, die bestehenden Rechnungslegungsvorschriften vor dem Hintergrund der Finanzmarktkrise weiterzuentwickeln. Die Lösungsvorschläge beziehen sich auf einzelne Regelungen des internationalen Bilanzierungsstandards IAS 39. Dieser Standard regelt die Bilanzierung von Finanzinstrumenten. (1)

Die Überlegungen beim IDW beziehen sich auf die

Kategorisierung und Folgebewertung von Finanzinstrumenten. Entsprechend IAS 39 müssen Finanzinstrumente einer der folgenden vier Bewertungskategorien zugeordnet werden: "Financial Assets at Fair Value through Profit or Loss", "Available-for-Sale Financial Assets", "Held-to-Maturity Investments" sowie "Loans and Receivables". Ein Problem aus Sicht des IDW besteht darin, dass ein Unternehmen nach der erstmaligen Verbuchung eines Papiers auf eine der vier Kategorien weitgehend festgelegt ist. IAS 39 sieht nur wenige Ausnahmen vor, bei denen eine Umwidmung von einer Kategorie in die andere erfolgen darf. Das IDW schlägt vor, bei der Umwidmung mehr Flexibilität einzuräumen. Es erscheint wenig sinnvoll, dass es sich in der Rechnungslegung nicht widerspiegeln darf, wenn sich eine geschäftspolitische Entscheidung über die Verwendung einer Finanzanlage geändert hat. Beispielsweise könnte es einem Unternehmen ökonomisch vorteilhaft erscheinen, bei einem Preisverfall oder in Zeiten nicht mehr aktiver Märkte Finanzinstrumente nicht mehr zu handeln, sondern bis zur Endfälligkeit zu halten. Um bilanzpolitische Motive bei der Umwidmung auszuschließen, schlägt das IDW vor, Umwidmungen an die Erfüllung objektivierbarer Kriterien zu knüpfen. (1)

Als Alternative zur Umwidmung von

Finanzinstrumenten, erwägt das IDW in bestimmten Marktsituationen das Bewertungsverfahren zu verändern. Im Falle illiquider bzw. nicht mehr aktiver Märkte könnte vorgeschrieben werden, dass die Ermittlung des Fair Value nicht mehr auf Basis von Markt- bzw. Transaktionspreisen erfolgt, sondern mit anderen Modellen, bspw. mit dem Discounted-Cash-flow-Verfahren. Der erwartete Cash-flow umfasst die künftigen Zinsen sowie die Rückzahlung bei Endfälligkeit, so dass das Finanzinstrument bei unveränderter Bonität des Emittenten und konstantem Marktzins im Ergebnis ähnlich bewertet wird wie in der Kategorie "Held-to-Maturity". Der große Vorteil bei dieser Alternative ist, dass formal nicht umklassifiziert werden muss, sondern der Fair Value partiell neu definiert wird. (1)

IIF fordert breit angelegten Dialog

Das Institute of International Finance (IIF) hat einen breit angelegten Dialog gefordert. Der internationale Finanzverband möchte verbindliche Richtlinien für die Bewertung bei illiquiden Märkten erreichen. Das IIF plädiert für einen breit angelegten Dialog mit Wirtschaftsprüfern, Ratingagenturen, Investoren, Analysten und Aufsichtsbehörden. Gewollt sind gemeinsame Spielregeln für die Offenlegung der

Annahmen und Einschätzungen, auf denen die Bewertungsmodelle beruhen. Der Investor soll also Einblick in die Modellwelt des Bilanzierenden erhalten. (7)

Diskussionspapier des IASB zur Vereinfachung der Bilanzierung von Finanzinstrumenten

Da die Anforderungen an die Bilanzierung von Finanzinstrumenten sehr umfangreich und kompliziert sind, wurde das International Accounting Standard Board (IASB) in der Vergangenheit mehrfach aufgefordert den IAS 39 zu überarbeiten. Die neuen Rechnungslegungsgrundsätze sollen mehr prinzipienorientiert und weniger komplex sein als die gegenwärtigen Regelungen. Im März 2008 hat das IASB das Diskussionspapier "Reducing Complexity in Reporting Financial Instruments" veröffentlicht. Es stellt das erste Zwischenergebnis eines langfristigen Forschungsprojekts dar, in welchem ein Nachfolgestandard für IAS 39 "Finanzinstrumente: Ansatz und Bewertung" erarbeitet werden soll. (2), (3)

Das Diskussionspapier gibt einen Überblick über die wesentlichen Probleme bei der Anwendung von IAS

39 in Bezug auf die Bewertung von Finanzinstrumenten. Beispielsweise werden 16 Varianten für die Bewertung finanzieller Vermögenswerte aufgelistet, die nach den derzeitigen Regeln zur Anwendung kommen können. Die einzelnen Bewertungsverfahren haben unterschiedliche Auswirkungen auf das Ergebnis. (2)

Um die Komplexität zu verringern, schlägt das IASB einen einheitlichen Bewertungsmaßstab für alle Arten von Finanzinstrumenten vor. Nach Ansicht des IASB kommt hierfür allein der Fair Value in Frage. Obwohl die Definition des Fair Value als höchst kritisch angesehen wird, wird sie im Diskussionspapier nicht diskutiert. Wie der Fair Value zu ermitteln ist, wird in einem anderen Projekt des IASB untersucht. (2)

Fallbeispiele

Michael Müller, Partner bei der Wirtschaftprüfungsgesellschaft Deloitte, vertritt die Auffassung, dass die vier verschiedenen Kategorien zur Einordnung von Vermögenswerten im IAS 39 ausreichend definiert und die Kriterien der

Umwidmung klar und transparent sind. Für ihn bringt eine höhere Flexibilität keinen Mehrwert. Stattdessen ist es dringend notwendig, eine ausführliche Diskussion aller Marktteilnehmer über die Bewertungsannahmen sowie die Durchführung und die Aussagekraft von Bewertungen zu führen. Die Annahmen, die einer Bewertung zugrunde liegen müssen veröffentlicht werden. Auch muss transparent sein, welche Risikoszenarien die Bewertung unterstellt und was Bewertungen nicht leisten können - vor allem bei nicht aktiven Märkten und bei der Verwendung von alternativen Bewertungsmethoden. (4)

Analysten und Investmentexperten befürworten auch nach den Erfahrungen mit der Finanzmarktkrise das Prinzip der Fair- Value-Bilanzierung. Eine Umfrage des internationalen Berufsverbands für Finanzanalysten, CFA Institute, bei 2 000 seiner Mitglieder ergab ein klares Votum dafür, die Bewertung zu Zeitwerten aufrechtzuerhalten. (6)

Weiterführende Literatur

(1) Wirtschaftsprüfer reagieren auf Finanzkrise IDW bringt neue Bewertungsregeln für Finanzinstrumente in die Diskussion - Flexiblere Umwidmung von Papieren angeregt

aus Börsen-Zeitung, 06.05.2008, Nummer 86, Seite 11

(2) Scheffler, Eberhard, Vereinfachung der Bilanzierung von Finanzinstrumenten?, Die Aktiengesellschaft 10/2008, S. R222
aus Börsen-Zeitung, 06.05.2008, Nummer 86, Seite 11

(3) Diskussionspapier zur Bilanzierung von Finanzinstrumenten veröffentlicht
aus Kapitalmarktorientierte Rechnungslegung, Heft 4 vom 7.4.2008, Seite 281

(4) "Über die Aussagekraft von Bewertungen muss diskutiert werden" Bilanzierungsexperte hält IFRS-Regelungen zum Ansatz von Finanzinstrumenten für ausreichend - Kritik an Immobiliengesellschaften
aus Börsen-Zeitung, 06.05.2008, Nummer 86, Seite 11

(5) Eine Frage der Zuordnung
aus Börsen-Zeitung, 06.05.2008, Nummer 86, Seite 10

(6) Analysten favorisieren Zeitwerte "Problemen früher ins Auge schauen" - CFA-Umfrage
aus Börsen-Zeitung, 06.05.2008, Nummer 86, Seite 10

(7) Finanzkrise wird zum Härtetest für die Zeitwert-Bilanzierung
aus Börsen-Zeitung, 15.04.2008, Nummer 72, Seite 8

Impressum

Bilanzielle Abbildung von Finanzinstrumenten - Diskussion neuer Bilanzierungsregeln

Bibliografische Information der deutschen Nationalbibliothek

Die Deutsche Nationalbibliothek verzeichnet diese Publikation in der deutschen Nationalbibliografie; detaillierte bibliografische Daten sind im Internet über http://dnb.d-nb.de abrufbar.

ISBN: 978-3-7379-1364-5

© 2015 GBI-Genios Deutsche Wirtschaftsdatenbank GmbH, Freischützstraße 96, 81927 München, www.genios.de

Alle Rechte vorbehalten. Dieses Werk ist einschließlich aller seiner Teile – z.B. Texte, Tabellen und Grafiken - urheberrechtlich geschützt. Jede Verwertung außerhalb der Grenzen des Urheberrechtsgesetzes bedarf der vorherigen Zustimmung des Verlags. Dies gilt insbesondere auch für auszugsweise Nachdrucke, fotomechanische

Vervielfältigungen (Fotokopie/Mikroskopie), Übersetzungen, Auswertungen durch Datenbanken oder ähnliche Einrichtungen und die Einspeicherung und Verarbeitung in elektronischen Systemen.